Dear all,

Football is a magical sport that overwhelms those who love it. As a player, I love the game more than anything.

This is a very meaningful and interesting book, with great moments and stories in football games that will make us even more obsessed and fascinated by football, and will drive more people to love it.

It is a pleasure to recommend this book to you. It is also an honour that some of the classic moments of my career are selected into this book. My friends, do you remember that summer of 1998, when I first appeared in the World Cup and scored? Do you remember the 2001 FA Cup Final, when I scored twice in the last ten minutes to help my team win? This is the most memorable moment in my career.

Greetings to all those who enjoy the book. I love you all! I'm Michael Owen.

July 10th, 2022

国际足坛传奇巨星　迈克尔·欧文

朋友们：

足球是一项充满魔力的运动，会让喜欢的人不能自拔。作为一名球员，我无比深爱着这项运动。

这是一本非常有意义和有趣的书，那些精彩的足球瞬间和足球故事，会让我们对足球更加地痴狂与着迷，也会促使更多的人爱上足球。

很高兴，向大家推荐《足球之书》，也很高兴，我职业生涯的一些经典瞬间被本书收录。朋友们，还记得1998年那个夏天吗？我第一次走上世界杯的舞台，还取得了梦幻般的进球。还记得2001年的足总杯决赛吗？我在最后时刻梅开二度，帮助球队逆转取胜，这是我职业生涯中最难忘的时刻。

向所有喜欢这本书的朋友问好，我爱你们！我是迈克尔·欧文。

迈克尔·欧文

2022.7.10

# 足球之书

THE BOOK OF MEMORIES

黑白 · 著

北京时代华文书局

图书在版编目（CIP）数据

足球之书 / 黑白著 . — 北京：北京时代华文书局，2022.7
ISBN 978-7-5699-4647-5

Ⅰ . ①足… Ⅱ . ①黑… Ⅲ . ①足球运动 – 通俗读物 Ⅳ . ① G843-49

中国版本图书馆 CIP 数据核字 (2022) 第 102031 号

拼音书名 | ZUQIU ZHI SHU

出 版 人 | 陈 涛
策 划 | 董振伟 直笔体育
特邀顾问 | 于鑫淼 王正坤 念 洲 黄轶文
特邀编辑 | 黄娴懿 刘亚妮 孙沛源 韩 笑
责任编辑 | 马彰羚
责任校对 | 张彦翔
封面设计 | 程 慧
内文设计 | 贾静洁
责任印制 | 訾 敬

出版发行 | 北京时代华文书局 http：//www.bjsdsj.com.cn
北京市东城区安定门外大街 138 号皇城国际大厦 A 座 8 层
邮编：100011 电话：010 – 64263661 64261528
印 刷 | 小森印刷（北京）有限公司 010–80215073
(如发现印装质量问题，请与印刷厂联系调换)
开 本 | 787 mm×1092 mm 1/32 印 张 | 23 字 数 | 181 千字
版 次 | 2022 年 10 月第 1 版 印 次 | 2022 年 10 月第 1 次印刷
成品尺寸 | 130 mm×185 mm
定 价 | 168.00 元

# 关于本书

## 这是青春之书。

有人曾年少，有人正青春。

那些属于足球的画面，泛起你的点点思绪：或是关于友谊，对酒当歌，地久天长；或是关于爱恋，也曾青涩懵懂，也曾轰轰烈烈；或是关于成长，有过热泪盈眶，有过意气风发。

## 这是故事之书。

有醉人心的酒，有沁人心的歌。

那些属于足球的故事，动人、温情、梦幻、励志。你知道吗？彩虹不是天空所独有，长情不仅是对爱情的坚守，奇迹真的会让人狂吼，梦想实现真的会让人激动泪流。

## 这是足球之书。

有浩瀚的历史长河，有璀璨的万千星辰。

那些属于足球的岁月，源远流长，辉煌甚至疯狂。每一个赛场可以演绎自己的足球哲学，每一个球星可以谱写自己的足球赞歌，每一个球迷可以拥有自己的足球记忆。

## 这是游戏之书。

为什么足球让人如此痴迷，让人如此沉醉？

可以与三五好友，可以与恋人伴侣，可以集体互动，从本书一幕幕的精彩画面中，去找寻答案；在本书一句句的优美描述中，去解开谜题。

游戏说明，翻页有惊喜⇨

**本书共 365 个文案，超 400 张图片，可以解读出超过 400 个足球故事，不仅仅关于足球，更是关于生活。**

## 《足球之书》球迷指数判定规则：

| 解读故事总数 | 判定结果 |
|---|---|
| 0—10 个 | 关于足球，你几乎一无所知。<br>球迷指数：⚽ |
| 11—50 个 | 这个程度，其实你还是一只菜鸟。<br>球迷指数：⚽⚽ |
| 51—100 个 | 很了不起吗？比菜鸟强一点儿而已。<br>球迷指数：⚽⚽⚽ |
| 101—150 个 | 还行，至少看过几年球了。<br>球迷指数：⚽⚽⚽⚽ |
| 151—200 个 | 很不错，可以称得上了解足球了。<br>球迷指数：⚽⚽⚽⚽⚽ |
| 201—250 个 | 非常棒，看球超过 10 年了吧。<br>球迷指数：⚽⚽⚽⚽⚽⚽ |
| 251—300 个 | 太棒了，暴露年龄的老球迷。<br>球迷指数：⚽⚽⚽⚽⚽⚽⚽ |
| 301—365 个 | 别骗我，你是不是足球媒体人啊？<br>球迷指数：⚽⚽⚽⚽⚽⚽⚽⚽ |
| 365—380 个 | 真厉害，你都找到隐藏的故事了！<br>球迷指数：⚽⚽⚽⚽⚽⚽⚽⚽⚽ |
| 380—400 个 | 如果没有查阅资料，你就是“足球图书馆”。<br>球迷指数：⚽⚽⚽⚽⚽⚽⚽⚽⚽⚽ |
| 400 个以上 | 别做梦了，只有作者和策划团队知道答案。<br>球迷指数：作弊无效 |

友情提醒：本书为什么是 365 个文案，因为一年有 365 天，足球其实从未离开我们的生活。那么闰年呢？别闹了朋友，机器人还得休息呢。

# 本书，

送给你，

送给朋友，

送给另一半，

送给青春岁月，

送给似水的流年，

送给生活中的美好，

送给我们共同的迷恋。

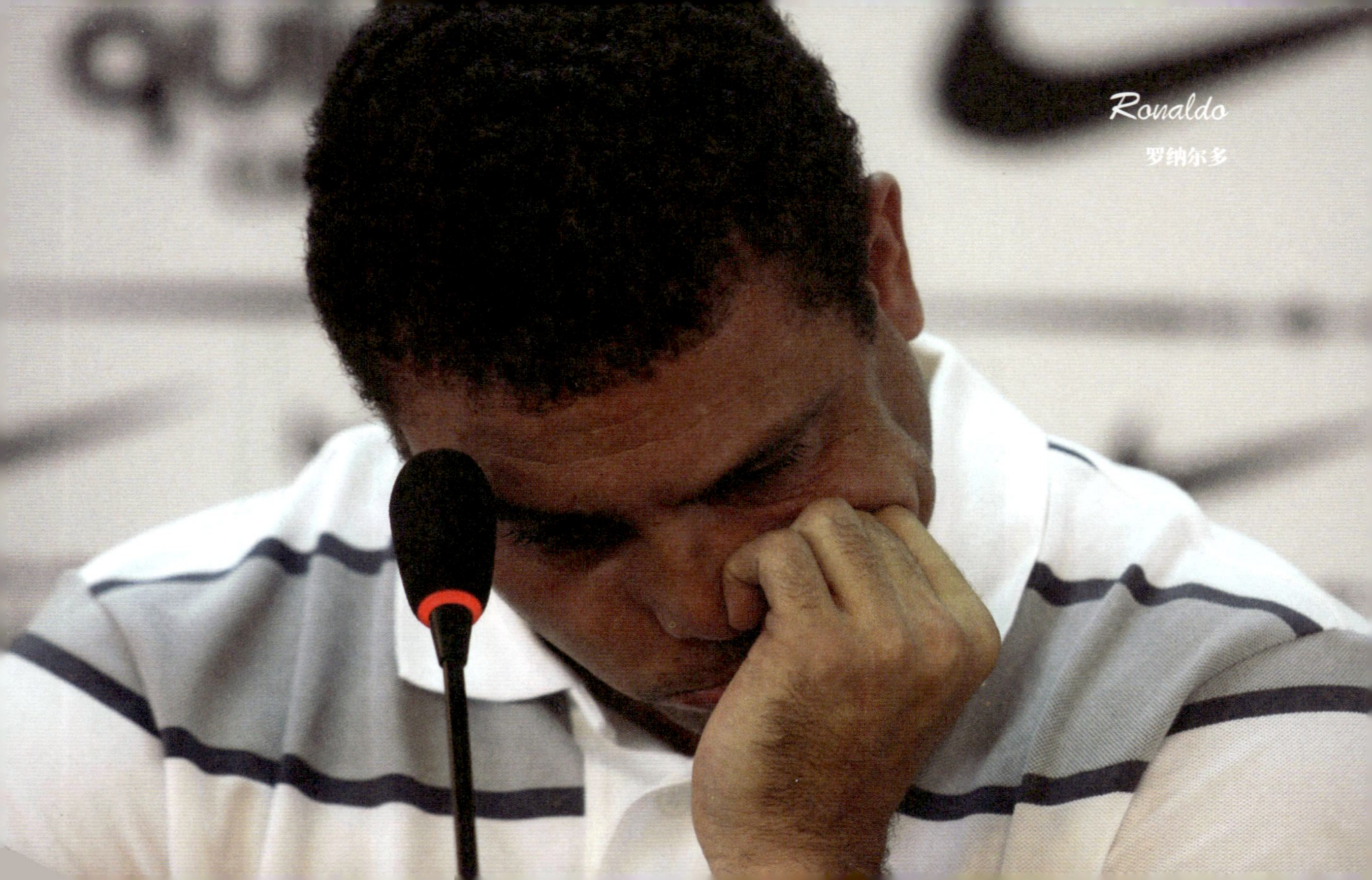
Ronaldo
罗纳尔多

情人节这一天，

# 我和我的小伙伴，
# “失恋”了。

Sergio Busquets
塞尔吉奥 · 布斯克茨

不只是“演技”。

Robin van Persie
罗宾·范佩西

那画面
太美，

头顶
也可以画彩虹。

Arjen Robben
阿尔扬·罗本

**不要看他的脸庞，**
**因为你看不出岁月。**

你只需要知道他的名号——“小飞侠”。

Iker Casillas
伊戈尔·卡西利亚斯

“叹息之墙”。

Fernando Redondo

费尔南多·雷东多

如果为了征程，
放弃自己的执着，

# 那征程
# 也可以抛弃！

Ryan Giggs
瑞恩·吉格斯

千里走单骑，

# 激情！激情！激情！

*Gabriel Batistuta*

加夫列尔·巴蒂斯图塔

『战神』，

# 像雄鹰一样。

Alessandro del Piero

亚历桑德罗·德尔·皮耶罗

“斑马王子”。

读懂黑夜的白昼。

SIEMENS
Mobile
10
23
7
Galácticos I
“银河战舰”一期

“奢侈”。

Franz Beckenbauer

弗朗茨·贝肯鲍尔

“足球皇帝”。

Edwin van der Sar

埃德温・范德萨

**1311 分钟。**

Tim Cahill

蒂姆·卡希尔

“拳击手”。

Sergio Agüero

塞尔吉奥·阿圭罗

“大空翼”。

Dimitar Berbatov

迪米塔·贝尔巴托夫

潇洒走一回。

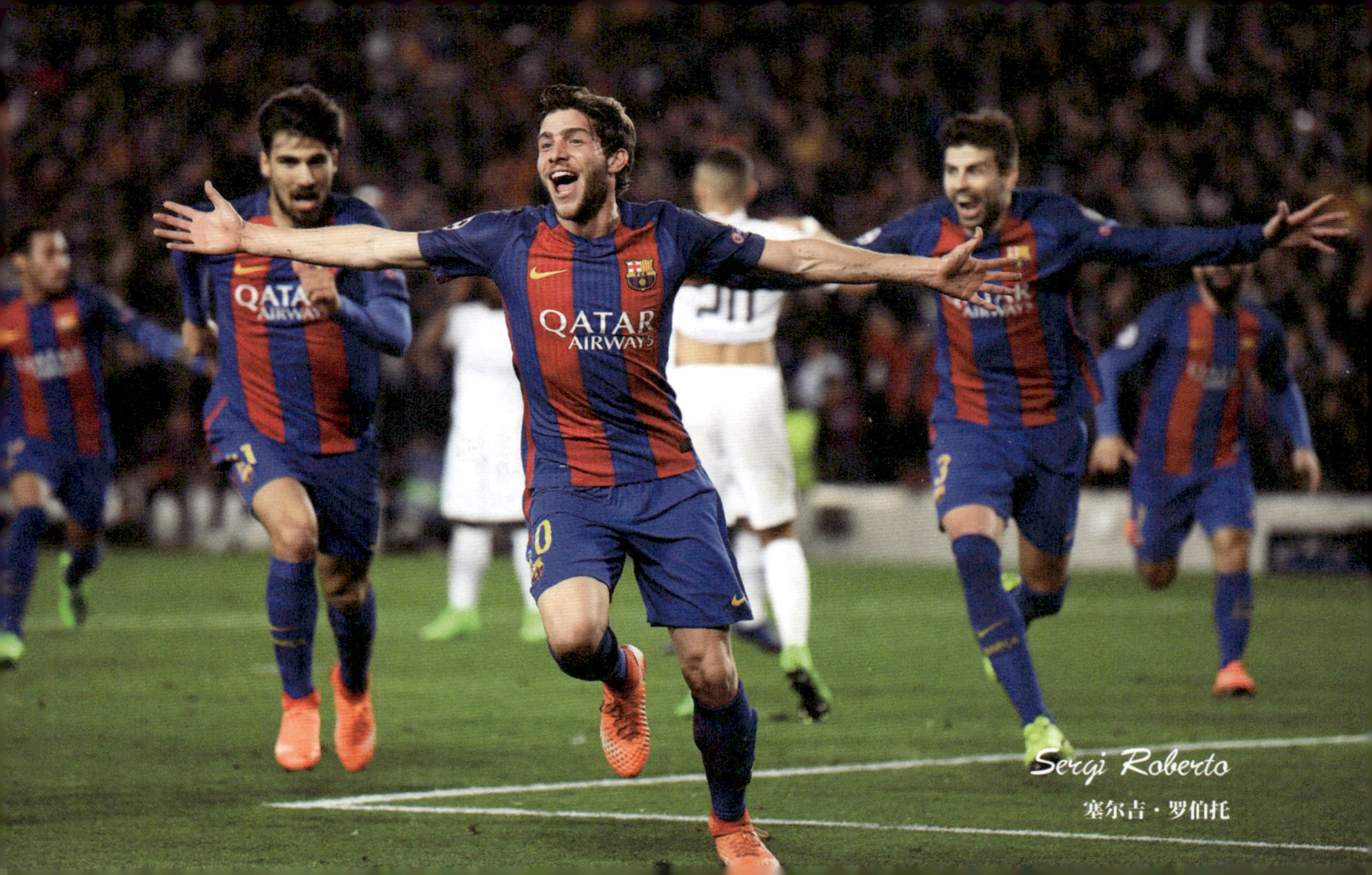

Sergi Roberto
塞尔吉·罗伯托

小人物VS大场面。

『MSN』组合

『BBC』组合

伟大的对手，

# 成就
# 伟大的自己。

Mario Götze
马里奥·格策

某一刻，

用尽一生的
运气。

*Jesse Lingard*

杰西・林加德

无限“猖狂”。

乔治·基耶利尼 *Giorgio Chiellini*

路易斯·苏亚雷斯 *Luis Suárez*

走上『战场』，

# 斗争
# 遍布每一个角落。

Iraq National Football Team
伊拉克队

战争，
阻挡不了热爱；

热爱，
才能创造奇迹。

Paulo Dybala
保罗·迪巴拉
Jeep
adidas
Jeep

当困难来临，

像角斗士一样，
戴上面具去战斗。

Roger Milla
罗杰·米拉

# 大叔也疯狂。

*Michel Platini*

米歇尔·普拉蒂尼

愈爱愈深沉。

*Lev Yashin*

列夫·雅辛

最低调的位置，

**最高的**
**荣誉。**

*Lúcio*

卢西奥

离开你，
非我所愿；

战胜你，
我仍依恋。

Semih Senturk
塞米赫·森图尔克

任何时候，
不要以为稳了，

**你随时可能遭遇**
**致命绝杀。**

Gonzalo Higuain
冈萨洛·伊瓜因

『烟』，解愁；

# “烟”，添烦忧。

Sir Alex Ferguson
亚历克斯·弗格森爵士

如此强大的你，

# 也有
# 无能为力的时刻。

Alexandre Pato

亚历山大·帕托

喜欢昙花绽放的美，

# 却只是一现。

Kazuyoshi Miura 三浦知良

# 终点
# 在哪里？

不如享受过程。

PIETERS
23
爱博
LoveBet
AIA
Son Heung-Min
孙兴慜

他跑得太快，
而我们却在倒退，

# 我们怎能追得上？

George Weah
乔治·维阿

**从某种角度来说，**
**我们的人生**
**都是单枪匹马。**

若是命运使然，我们何不华丽转身？

Josep Guardiola
何塞普·瓜迪奥拉

不要99.9%，

一切

只追求100%。

Cesc Fàbregas

塞斯克·法布雷加斯

# 归了他，
# 负了他。

生活，没有那么多两全其美。

Bora Milutinovic
博拉·米卢蒂诺维奇

谢谢您。

*Marcello Lippi*

马尔切洛·里皮

告别，
有时候不是很体面；

离开，
有时候并不是辜负。

Denmark National Football Team

丹麦队

不要计较
所扮演的角色，

# 配角一步步成为主角，
# 那不更是完美的童话吗？

The Miracle of Bern

伯尔尼奇迹

奇迹有很多，

**奇迹的代名词**
**只有一个。**

卡福 Cafu

人生有悲有喜，

# 唯有自渡，
# 他人很难领悟。

Netherlands National Football Team
荷兰队
Portugal National Football Team
葡萄牙队
PETIT 8
PERSIE 17
VAN DER VAART 10
BOULAHROUZ 3
PETIT 8
SNEIJDER 20
DECO

拒绝暴力。

Costa Rica National Football Team

哥斯达黎加队

打败
所有的强者，

**你就是最强者。**

罗马里奥·德·索萨·法里亚

Romário de Souza Faria

场外『独狼』，

# 场内“独狼”。

Ahn Jung-Hwan
安贞焕

本是
胜利的使者，

# 却被黑暗笼罩。

杰拉德·皮克
Gerard Piqué

这一刻，

# 蓝天
# 在白云之上。

Nacer Chadli

纳赛尔·查德利

就差 10 秒，
拥有梦想；

只需 10 秒，
拥有胜利。

Japan Women's National Football Team
日本女足

热血与梦想，

从来都不是只喊口号。

Sir Kenny Dalglish
肯尼·达格利什爵士

# 他所经历的痛，<br>你无法想象。

他的传奇之路，更像是为电影写好的剧本。

*Samuel Eto'o*

萨穆埃尔·埃托奥

天生的猎手，
冷血的复仇者，

# 面对过往，“杀”个痛快。

Mario Kempes
马里奥·肯佩斯

# 将阿根廷足球写入世界版图的人。

——马拉多纳

佩佩 Pepe

奈杰尔·德容 Nigel de Jong

本是同根生，

# 相煎何太急？

David Beckham
大卫·贝克汉姆

Brooklyn Beckham
布鲁克林·贝克汉姆

你看着我长大，

# 我陪着你离开。

FC Kaiserslautern

凯泽斯劳滕俱乐部

开始，
你是最渺小的；

但结局，
你是最震撼的。

Cesare Maldini
切萨雷·马尔蒂尼

Paolo Maldini
保罗·马尔蒂尼

Daniel Maldini
丹尼尔·马尔蒂尼

这是足球世界最伟大的姓氏。

加里·莱因克尔

*Gary Lineker*

他的江湖
没有打打杀杀，

只有一尘不染。

Lionel Messi
利昂内尔·梅西

# 我一路追逐，<br>直到近在咫尺。

可是你的“逃避”，却让我只能咫尺天涯。

Eden Hazard
埃登·阿扎尔
UEFA

一份最好的礼物之后，

是

吻别。

Santiago Canizares
圣地亚哥·卡尼萨雷斯
Oliver Kahn
奥利弗·卡恩
KAHN
OLIVER KAHN

他跪地痛哭，不是因为失败，而是因为他还在这场比赛中拼搏，母亲却离开了他。

他低头安慰，不是因为胜利，而是因为对手的坚持，让他肃然起敬。

bwin.com
Realmadrid

Cristiano Ronaldo
克里斯蒂亚诺·罗纳尔多
RONALDO
7

CHAMPIONS LEAGUE

来时，
万人空巷，
你如救世主般；

去时，
顶礼膜拜，
你是永恒传奇。

Johan Cruyff

约翰·克鲁伊夫

转身而去，

唯有致敬，
圣与教父。

Bebeto 贝贝托

献给孩子。

Cristiano Ronaldo
克里斯蒂亚诺·罗纳尔多
MBAPPÉ
29
Kylian Mbappe
基利安·姆巴佩

# 偶像的力量。

WINNERS
Real Madrid CF
皇家马德里俱乐部

『王朝』，

膜拜。

Kaká
卡卡
Andriy Shevchenko
安德烈·舍甫琴科
Filippo Inzaghi
菲利波·因扎吉

辉煌之后，

是落日的余晖。

Andres Escobar
安德雷斯·埃斯科巴

场内与场外，

# 这都是最残酷的意外。

Christian Vieri
克里斯蒂安·维埃里

# 力量与速度。

Zico 济科

Sócrates 苏格拉底

至死不渝的浪漫主义。

Fernando Torres

费尔南多·托雷斯

Just Fontaine
朱斯特·方丹

一步登天。

雅普·斯塔姆

*Jaap Stam*

风雨中，

# 这点痛算什么？

Xabi Alonso

哈维·阿隆索

人生，

# 需要
# 最精准的 GPS。

Ole Gunnar Solskjaer
奥勒·居纳尔·索尔斯克亚

对不起，

# 我们有
# 超级替补。

Franck Ribéry
弗兰克·里贝里

粗犷的外表，

细腻的
内心。

Gerd Müller

盖德·穆勒

“进球机器”。

Robinho
罗比尼奥

单车少年，

# 未能远途。

Chelsea F.C.
切尔西俱乐部
carvalho
2008.05.21

SAMSUNG
2012.05.19

莫斯科的雨有多冷，

# 慕尼黑的泪
# 就有多甜。

Zinedine Zidane

齐内丁·齐达内

多少人的毕生追求，

只是他的
轻描淡写。

*Rogério Ceni*

罗热里奥·切尼

技多不压身。

*Bastian Schweinsteiger*

巴斯蒂安·施魏因施泰格

# 开满鲜花的北极。

Hernán Crespo

埃尔南·克雷斯波

纵有万千风情，

# 却最怕
# 弹剑作歌。

大卫·比利亚
David Villa

『王朝』的谢幕，

# 需要
# 最优美的句点。

Manuel Neuer
曼努埃尔·诺伊尔

# 怎样去阐释，<br>自己多么优秀？

答案是，重新定义你的职业。

*Marco Van Basten*

马尔科·范巴斯滕

这一瞬间，

# 郁金香
# 娇艳地盛开。

Sir Alex Ferguson
亚历克斯·弗格森爵士

Cristiano Ronaldo
克里斯蒂亚诺·罗纳尔多

一日为师，

终身为父。

Francesco Totti
弗朗切斯科·托蒂

四两拨千斤。

Lionel Messi
利昂内尔·梅西

我等这个机会等了三次，
不是为了证明我比别人强，

**只是要证明**
**我失去的东西，**
**我一定要夺回来。**

James Rodriguez
哈梅斯·罗德里格斯

这一刻，

# “我本天上客，谪居在人间”。

彼得·克劳奇 Peter Crouch

# 竹林中的舞蹈者。

Andres Iniesta 安德雷斯·伊涅斯塔

Xavi Hernández 哈维·埃尔南德斯

这是对珠联璧合，

最美的诠释。

Javier Zanetti
哈维尔·萨内蒂
INTER
INTER
INTER
30

不知疲倦地奔跑，

直到输给了
岁月。

Gennaro Gattuso
真纳罗·加图索

场上，
犹如野兽；

场外，
谦谦君子。

Lukas Podolski

卢卡斯·波多尔斯基

王子，

终究属于他
梦开始的地方。

Tomás Rosicky
托马斯·罗西基

“莫扎特”。

Carlos Tévez
卡洛斯·特维斯

一段故事的美丽，

需要彼此珍惜。

Andrey Arshavin
安德烈·阿尔沙文

此时此刻，

# 他是天马行空的一本书。

Heineken
Shell
Ruud van Nistelrooy

你若让他近了身，

便不可能全身而退。

Antonio Cassano
安东尼奥·卡萨诺

喜怒无常，
天性古怪，

# 但这不妨碍
# 他对胜利的渴望。

BenQ
euro2004.com
T-Mobile
RICARDO
1

里卡多 Ricardo

Mobile
i'm lovin' it
JAMES
1

一夫当关，
万夫莫开；

一种释然，
一锤定音。

Oliver Bierhoff
奥利弗·比埃尔霍夫

# 伤，伤，
# 还是伤。

但，忘记伤，就是晴空。

Alfredo Di Stefano
阿尔弗雷多·迪·斯蒂法诺

# “金色箭头”与“白色皇帝”。

Frank Lampard
弗兰克·兰帕德

全世界都看到
球进了，

这却是你
最大的遗憾。

Oleg Salenko
奥列格·萨连科

让历史记住你，

只需要
一个时刻。

Ronaldo
罗纳尔多
Fabio Cannavaro
法比奥 · 卡纳瓦罗
Paolo Maldini
保罗 · 马尔蒂尼

保卫地球。

Oliver Kahn

奥利弗·卡恩

眼泪
未曾陪我过夜，

遗憾
却伴我终生。

Sir Alex Ferguson
亚历克斯·弗格森爵士
Arsène Wenger
阿尔塞纳·温格

敌人与朋友，

相依相伴。

Lionel Messi

利昂内尔·梅西

面对一个优秀的对手，

**我们必须**
**全力以赴。**

*Alan Ruschel*

**阿兰·鲁斯切尔**

沙佩科恩斯空难幸存者之一，他在空难中脊椎严重受伤，被迫退役，然而他顽强地抵抗命运，再次回归赛场，为在天堂看着他的昔日队友而战斗。

# 生死相依。

追求奇迹的人，本身就是奇迹。

Pelé

贝利

球王。

Cristiano Ronaldo
克里斯蒂亚诺·罗纳尔多

这是我们的时代，

# 我怎能让你独舞？

希腊队 Greece National Football Team

波尔图俱乐部 FC Porto

# 野百合也有春天。

Keylor Navas

凯洛尔·纳瓦斯

任风吹雨打，

那堵墙
纹丝不动。

Teddy Sheringham

泰迪·谢林汉姆

Ole Gunnar Solskjaer

奥勒·居纳尔·索尔斯克亚

如果我们已经
打开了胜利之门，

# 下一步，
# 不如“趁火打劫”。

Edin Džeko
埃丁·哲科

逆风翻盘的主角，

**不一定永远是强者。**

迭戈·弗兰
Diego Forlan
adidas

人生的逆转，

# 需要铺垫。

Asmir Begović
阿斯米尔·贝戈维奇

风，

助你一臂之力。

Francesco Toldo

弗朗西斯科·托尔多

一战“封神”。

Ronaldinho

罗纳尔迪尼奥

分手之后，

# 还能做朋友。

克拉伦斯·西多夫

*Clarence Seedorf*

『3』，

# 举世无双。

*Raúl González*

劳尔·冈萨雷斯

短暂的旅途，

也可以留下
永载史册的回忆。

Sinisa Mihajlovic

西尼萨·米哈伊洛维奇

# "梅开三度"，<br>旷世神迹！

"绿茵飞刀"，例无虚发。

Radio Times
Geoff Hurst
杰夫·赫斯特

未确定的，
总是充满诱惑，
让你不断去探寻答案；

# 尘埃落定的，
# 总是耐人寻味，
# 让你流连忘返。

Jose Luis Chilavert
何塞·路易斯·奇拉维特

力拔山兮气盖世。

法比安·巴特斯
Fabien Barthez

别人笑我太疯癫，

# 我笑他人看不穿。

Lionel Messi
利昂内尔·梅西
Kaká
卡卡

追逐。

迈克尔·巴拉克

*Michael Ballack*

缺憾有时候很美，
看断臂的维纳斯，

# 但有时候就是遗憾终生。

Michael Owen
迈克尔·欧文

这一刻之后，

# 站在山顶之上。

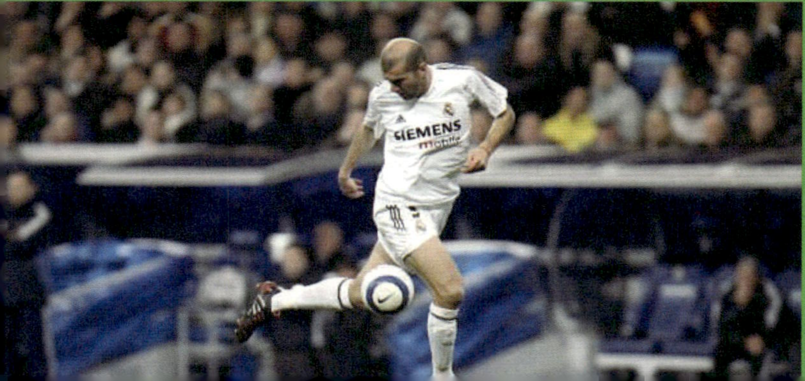

Zinedine Zidane
齐内丁·齐达内

# 这是足球吗?

这是肖邦都弹奏不出的夜曲。

Luka Modrić
卢卡·莫德里奇
Carlos Henrique Casemiro
卡洛斯·恩里克·卡塞米罗
Toni Kroos
托尼·克罗斯
（从左至右）

# “典礼”！

*David Beckham*

大卫·贝克汉姆

容颜举世无双，

**故事令人起敬。**

Bojan Krkic
博扬·科尔基奇

Lionel Messi
利昂内尔·梅西

本应是传承，

# 却是“伤仲永”。

德怀特·约克
Dwight Yorke
SHARP
安迪·科尔
Andy Cole

武侠江湖，万千英雄；

# 黑风双煞，所向披靡。

Dirk Kuyt
德克·库伊特

『六边形战士』，

永恒的绿叶也可以娇艳。

Javier Mascherano
哈维尔·马斯切拉诺

“天生的守护者”。

Cristiano Ronaldo
克里斯蒂亚诺·罗纳尔多

不知疲倦地翻越，
每一个山丘。
越过山丘，
才发现无人等候。

——李宗盛

Joe Cole
乔·科尔

# 蓦然回首，
# 就算平凡又如何？

毕竟我们装饰过世界。

Lionel Messi
利昂内尔·梅西

击败死神，

你就是神。

Ronaldinho

罗纳尔迪尼奥

如果你在顶峰
停留得再久一点，

# 太多人会变得黯淡。

哈维尔·萨维奥拉

Javier Saviola

『兔子』的世界，
蹦蹦跳跳，

# 但也前途未卜。

Raúl González

劳尔·冈萨雷斯

『指环王』的故事，
是一段温柔的告白：

执子之手，
共你一世风霜！

Gareth Bale

加雷思·贝尔

“齐天大圣”。

*Wayne Rooney*

韦恩·鲁尼

征程没有永恒，

# 总有英雄来终止。

*Theo Walcott*
西奥·沃尔科特

一次惊喜，
让你的起点太高；

# 一次成长，
# 让你做回自己。

Michael Owen
迈克尔·欧文

18岁的夏天，

惊艳了
多少人的青春。

Diego Maradona

迭戈·马拉多纳

# 什么是成功?

这就是成功。

Ronaldo
罗纳尔多
Ronaldinho
罗纳尔迪尼奥
RIVALDO
Rivaldo
里瓦尔多

"神仙"组合。

Gordon Banks
戈登·班克斯

有一种扑救，

# 叫作“班克斯”。

David Beckham
大卫·贝克汉姆

从英雄到罪人，一线间；

# 从罪人到“救世主”，路漫漫。

N'Golo Kanté
恩戈洛·坎特

“168”奇迹。

Rivaldo
里瓦尔多

“瓦刀”。

埃尔顿
Ailton

“球形闪电”。

*Luis Suárez*

路易斯·苏亚雷斯

为了胜利，

# “不择手段”。

Ronaldo

罗纳尔多

# 上帝是残酷的。

你不敢想象，如果没有伤病，他的极限会有多高。

Michael Owen
迈克尔·欧文

你在黄昏的时候，

献上最美的晚霞。

F.C. Internazionale Milano

国际米兰俱乐部

这颗划过夜空的星，

美得让人落泪。

10
Ferenc Puskas
费伦茨·普斯卡什

从被万人景仰，
到遭无情放逐，
再到王者归来，

**最后以盛大的方式落幕，**
**这就是传奇的样子。**

Lionel Messi

利昂内尔·梅西

你是宇宙中，

**最亮的星。**

ITALIA
Paolo Rossi
保罗·罗西

忆往昔，

# “金童”中的“金童”。

Ashley Cole

阿什利·科尔

场内风光，

# 场外亦风光。

Cristiano Ronaldo
克里斯蒂亚诺·罗纳尔多

望着你的眼，
对手的心太乱；

# 看这一片天，
# 都是你的英雄孤胆。

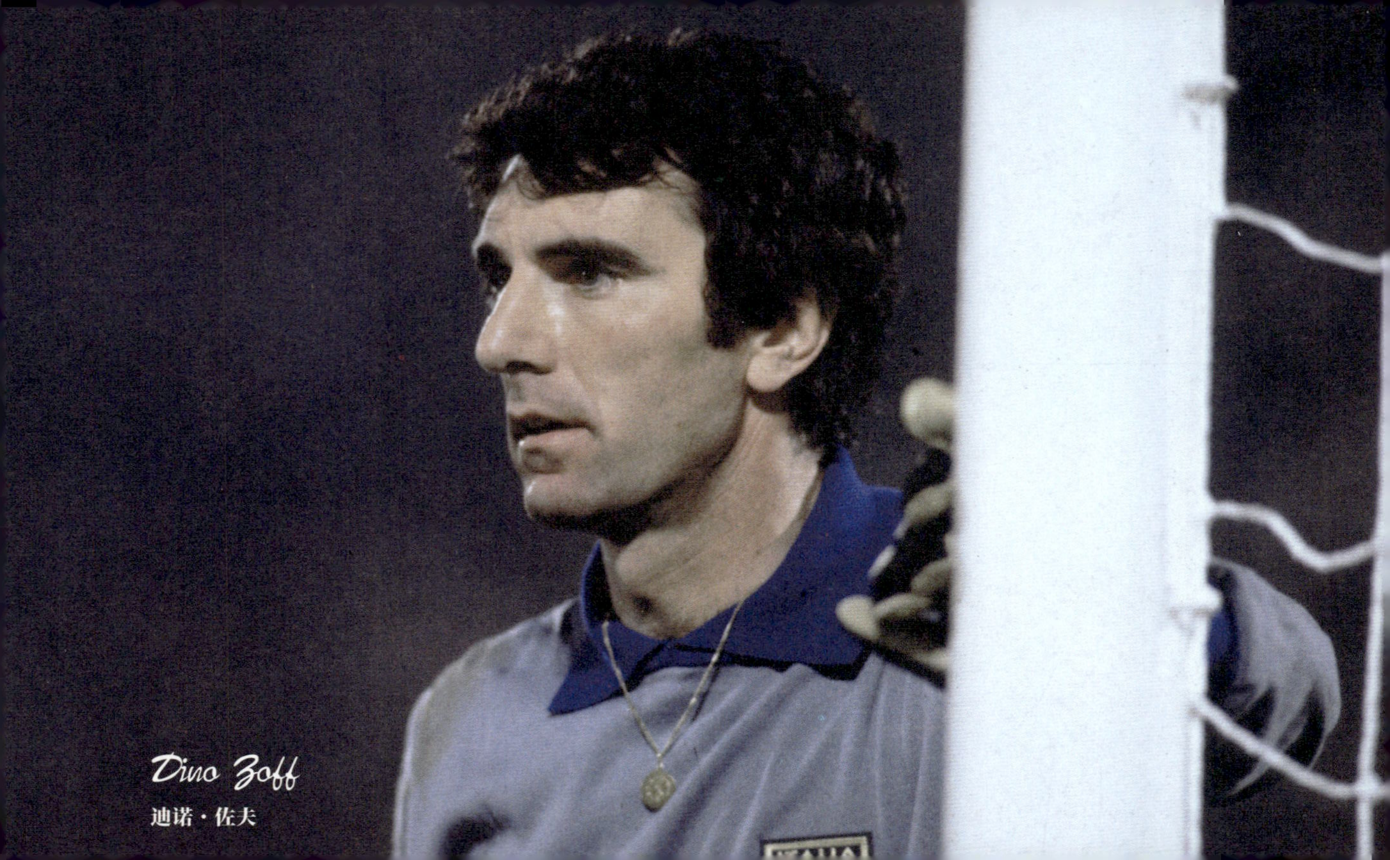

Dino Zoff

迪诺·佐夫

Thiago Silva
蒂亚戈·席尔瓦

老骥伏枥，

志在千里。

Jorge Campos
豪尔赫·坎波斯

他是那只
最美的花蝴蝶，

一飞越沧海。

Manchester United F.C.

曼彻斯特联俱乐部

Real Madrid CF

皇家马德里俱乐部

『神仙』打架，

凡人动了心。

Tito Vilanova
蒂托·比拉诺瓦

他是一颗『绽放』太晚，
也太短的流星，

却在夜空中
留下了永恒的光芒。

Joe Hart

乔·哈特

# 万箭穿心?

这一夜，万箭也穿不了心。

Fans / The 12th Man

球迷 / 第十二人

山无陵，
天地合，

乃敢与君绝。

Iker Casillas
伊戈尔·卡西利亚斯

Arjen Robben
阿尔扬·罗本

# 一半是海水，
# 一半是火焰。

一边是天堂，一边是地狱。

安德雷斯·伊涅斯塔 Andres Iniesta

# 一剑封喉，
# 名垂青史。

一种纪念，感天动地。

*Luka Modrić*

卢卡·莫德里奇

战争中的放羊娃，

# 足球场上的“魔笛”，毫无争议的大师。

*Roque Santa Cruz*
罗克·圣克鲁斯

才比子建，
貌若潘安，

绿茵场上，
玉面书生。

*Román Riquelme*

罗曼·里克尔梅

孤独行走的
大师，

# 独自唱“情歌”。

Loris Karius
洛里斯·卡里乌斯

Karim Benzema
卡里姆·本泽马

贪恋一刻的放松，
有些损失就无法挽回；

时刻保持警惕，
有些收获会让你意想不到。

利昂内尔·梅西 Lionel Messi

克里斯蒂亚诺·罗纳尔多 Cristiano Ronaldo

当我们学会接纳
每个时间段的自己，

# 我们此时走的路，
# 看似平凡，
# 却依旧璀璨。

adidas
Fly Emirates
Kaká
卡卡

# 银鞍照白马，
# 飒沓如流星。

十步杀一人，千里不留行。

Gianluigi Buffon

詹路易吉·布冯

“小将”。

法比奥·卡纳瓦罗

Fabio Cannavaro

不在镁光灯下，

# 但可以
# 让镁光灯追着你。

*Zinedine Zidane*

齐内丁·齐达内

大师的
蛮横，

# 也是一种艺术。

Michael Owen
迈克尔·欧文

当他噙着泪水，
逃离这个又爱又恨的绿茵场，

或许没有人能够理解，
他所遭受的，
是怎样的疼痛。

Pavel Nedvěd

帕维尔·内德维德

『战神』与铁人，

离别时
也只剩下柔情。

Cristiano Ronaldo

Lionel Messi

人生如戏，
戏如人生，

# 你方唱罢我登场！

Ronaldo
罗纳尔多

他是“外星人”。

Raúl González
劳尔·冈萨雷斯
adidas
Teka

# 天不怕，
# 地不怕。

这就是年少轻狂，肆意妄为。

David Beckham

大卫·贝克汉姆

你，
一球成名；

我，
一见钟情。

Jeep
Cristiano Ronaldo
克里斯蒂亚诺·罗纳尔多

行走江湖，
我从没有怕过谁，

# 就这一个人，
# 我拿他
# 真没有办法。

Francesco Totti
弗朗切斯科·托蒂

对成功坚定不移地向往，
对忠诚淋漓尽致地呈现，
对荣誉永恒不灭地渴望，

# 这就是“狼王”。

Lionel Messi
利昂内尔·梅西

# 是谁说
# 经典无法复刻？

在他的世界里，没有不可能。

罗纳尔迪尼奥 *Ronaldinho*

球星可以灿若星空，

# 但“精灵”只有一个。

Luís Figo
路易斯·菲戈

『背叛』，

需要最大的勇气。

Wayne Rooney

韦恩·鲁尼

“弯弓射大雕”。

Gareth Bale
加雷思·贝尔

两点之间，

他最短。

罗伯特·莱万多夫斯基
Robert Lewandowski

征服世界，

只需要 9 分钟。

Roberto Carlos

罗伯特·卡洛斯

# 他告诉世人：

足球场上没有物理学。

Xavi Hernández
哈维·埃尔南德斯

很多人都有
一个梦想，

# 像哈维一样踢球。

Three Swordsmen Of Netherlands

『荷兰三剑客』

"三少爷的剑"。

Filippo Inzaghi

菲利波·因扎吉

规则，

# 因他变得
# 不可确定。

Dani Alves

达尼·阿尔维斯

人生就是这样兜兜转转。

Thierry Henry
蒂埃里·亨利

“枪王之王”。

YAMAHA
Lionel Messi
利昂内尔·梅西

Cristiano Ronaldo
克里斯蒂亚诺·罗纳尔多
Fly
Emirates

传承与致敬。

Roberto Baggio
罗伯托·巴乔

在那一刻，

# 时间静止了……

Andrea Pirlo
安德烈亚·皮尔洛

另一个“达·芬奇”。

China Women's National Football Team

中国女足

『铿锵玫瑰』，

永不凋零。

Fabio Grosso
法比奥·格罗索

伟大的意大利左后卫。

奥斯卡·塔瓦雷斯

Óscar Tabárez

# 执着，坚守，
# 荣耀，奉献。

一生戎马，只为“黑白”。

*Christian Karembeu*

克里斯蒂安·卡伦布

“美女”与“野兽”。

Robbie Fowler
罗比·福勒
SEAMAN

君子之风。

Lionel Messi
利昂内尔·梅西

# 我曾想与你共白首，
# 你还是还了我自由。

这就让我犯了愁，只能怀念那美丽的邂逅。

FILA
Paolo Di Canio
保罗·迪卡尼奥

仰天大笑出门去，

我辈岂是蓬蒿人。

Son Heung-Min
孙兴慜

# 无缘下一段路<br>又何妨？

至少我们曾经改变历史。

Cristiano Ronaldo
克里斯蒂亚诺·罗纳尔多
17

春风不解风情，

吹动少年的心，
种下冠军的梦。

Eduardo Carvalho

爱德华多·卡瓦略

你的父亲在天上看着你。

库奥特莫克·布兰科

Cuauhtemoc Blanco

最别致的创意，

就是经典。

Patrick Vieira

帕特里克·维埃拉

“铁腰”。

Alvaro Recoba
阿尔瓦罗·雷科巴

恋爱中的人，
付出也是一种快乐，

# 因为他的爱无怨无悔。

Raphaël Varane
拉斐尔·瓦拉内
FFF
FRANCE-CROATIE
15 JUILLET 2018

我们都渴望，

# 成为
# 天生的赢家。

Marco Reus
马尔科·罗伊斯

如果不是那些伤，

我不会如此坚强。

Wayne Rooney
韦恩·鲁尼
RONALDO
7
CHAMPIONS
Cristiano Ronaldo
克里斯蒂亚诺·罗纳尔多

## 争吵过？

但我们的那一段美好，已经被世人铭记。

邓肯·爱德华兹
Duncan Edwards

天妒英才。

Stanley Matthews
斯坦利·马休斯

“金球”时刻。

Paco Gento
帕科·亨托
11

时间从未远去，

多少岁月，
轻描淡写。

蒂埃里·亨利
*Thierry Henry*

我们的脑海中
都有一个瞬间，

无法释怀。

Marco Van Basten
马尔科·范巴斯滕
Peter Schmeichel
彼得·舒梅切尔
SAAB
McDonal

你这把锋利的剑，

**近不了我的身，**
**只能无功而返。**

unicef
AIG
.com
2008.04.23

10

Jeep
Rakuten
UEFA CHAMPION
Cristiano Ronaldo

Lionel Messi
利昂内尔·梅西

“这是最好的时代，
这是最坏的时代。”

这个时代，我们何其有幸！

Juninho Pernambucano
儒尼尼奥·佩南布卡诺
NOVOTEL

飞刀，

# 又见飞刀。

Robert Pirès
罗伯特·皮雷斯
Patrick Vieira
帕特里克·维埃拉
Thierry Henry
蒂埃里·亨利

“三个火枪手”。

Lucozade SPORT
Kevin Keegan
凯文·基冈

我们的人生，

# 千万不要葬送好局。

Zinedine Zidane

齐内丁·齐达内

“天外飞仙”。

Davor Šuker
达沃·苏克

他的左脚，
可以在绿茵场上拉响小提琴，

那琴音
让万物沉醉。

大卫·贝克汉姆

David Beckham

# 最美的彩虹——“贝氏弧线”。

FIFA WORLD PLAYER 2007
Lionel Messi
利昂内尔·梅西
Kaká
卡卡
Cristiano Ronaldo
克里斯蒂亚诺·罗纳尔多

他结束了
一个时代，

# 他们开启了
# 一个时代。

于根伟

只要梦想能照进现实，

# 我们不怕
# 等得久一些。

Eric Cantona
埃里克·坎通纳
SHARP
RLING

一刻是『魔鬼』，

# 一刻是“国王”。

Maicon
麦孔
Gareth Bale
加雷思·贝尔

一步过后，

# 一个向左，
# 一个向右。

Cristiano Ronaldo
克里斯蒂亚诺·罗纳尔多

他的眼泪在飞，

蝴蝶都动了情，
深情地告诉他："你会赢。"

Philipp Lahm
菲利普·拉姆

失败与复仇，

# 矮小
# 与高大。

利昂内尔·梅西
Lionel Messi
Qatar Foundation
2012.12.22

Qatar Foundation
2012.05.05

91、50，平凡的数字；

# 91、50，
# 伟大的数字。

Leicester City F.C.

莱斯特城俱乐部

“狐狸城”的童话。

Zlatan Ibrahimović

兹拉坦·伊布拉西莫维奇

马中赤兔，

人中“奉先”。

Cristiano Ronaldo
克里斯蒂亚诺·罗纳尔多

Kaká
卡卡

高山流水遇知音，

# 彩云追月得知己。

Liverpool F.C.

利物浦俱乐部

继续前进，
继续前进，

怀揣着心中的梦想。

Paul Gascoigne
保罗·加斯科因

今朝有酒
今朝醉，

明日愁来
明日愁。

Diego Maradona
迭戈·马拉多纳

“上帝”。

EVONIK
BVB 09
Erling Haaland
埃尔林·哈兰德

有一种嚣张，

# 叫作冥想。

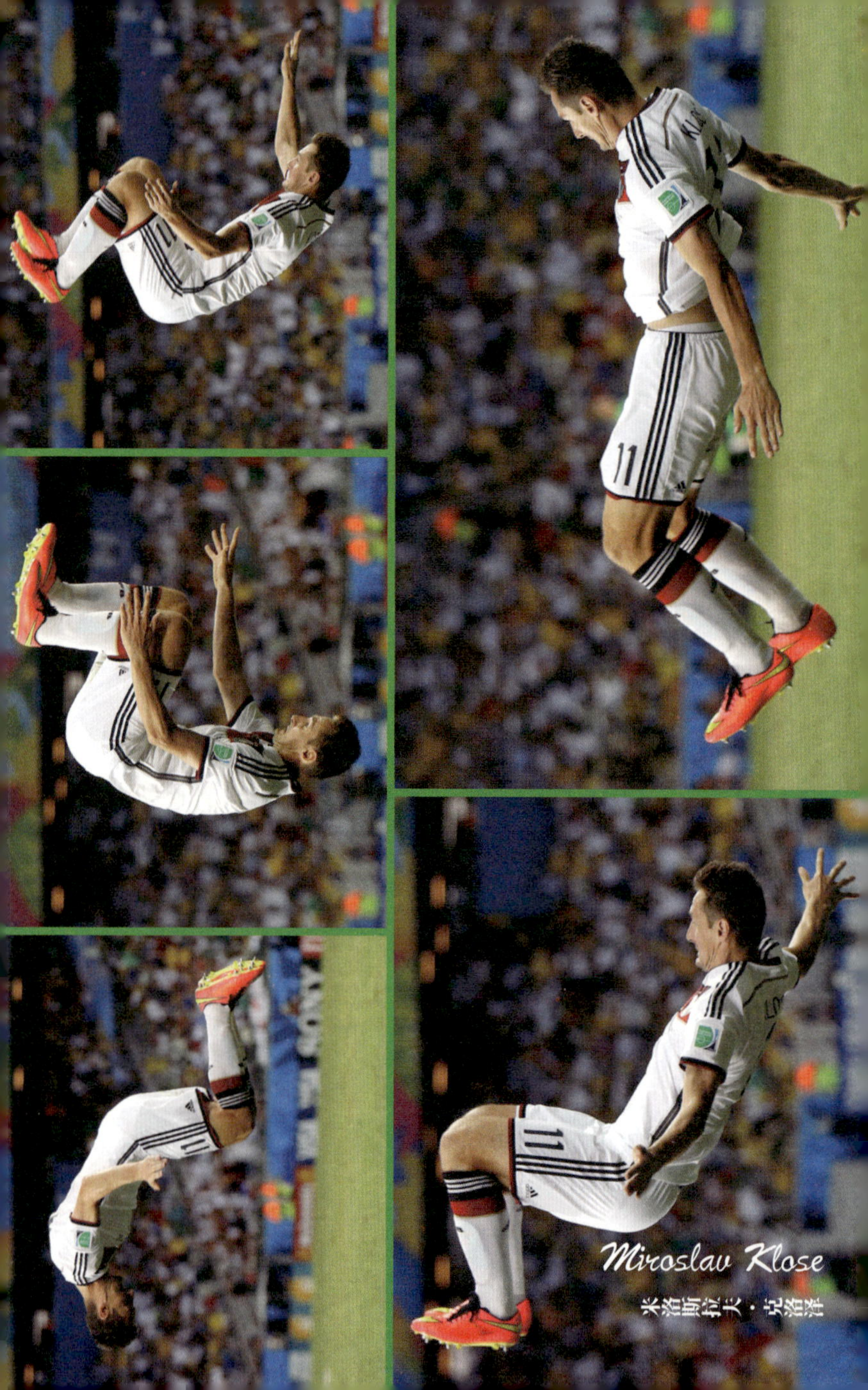

*Miroslav Klose*

米洛斯拉夫·克洛泽

翻天覆地，

唯有“K神”。

*Mario Balotelli*

马里奥·巴洛特利

# 天使与魔鬼。

Alan Shearer
阿兰·希勒

用迷人的微笑，

向世界
说“您好”。

Marco Materazzi
马尔科·马特拉齐
MATERAZZI
23
RUI COSTA
10
Rui Costa
鲁伊·科斯塔

最残酷的烟火，

也是
最“美”的烟火。

利昂内尔·梅西

*Lionel Messi*

克里斯蒂亚诺·罗纳尔多

*Cristiano Ronaldo*

离别，
是为了下一次更好地重逢；

# 重逢，
# 是漂泊万里后的
# 归程。

Carles Puyol
卡莱斯·普约尔
Raúl González
劳尔·冈萨雷斯

一个战场，
我们势不两立；

另一个战场，
我们亲密无间。

L MADRID C. F.
2 - 1
MANCHESTER CITY
94 : 04
Karim Benzema
卡里姆·本泽马

老夫聊发少年狂。

10
ROBBEN
7
RIBÉRY
Arjen Robben
阿尔扬·罗本
Franck Ribéry
弗兰克·里贝里

“比翼双飞”。

Hristo Stoichkov

赫里斯托·斯托伊奇科夫

"霹雳火"。

Karim Benzema
卡里姆·本泽马

Samir Nasri
萨米尔·纳斯里

Jeremy Menez
杰雷米·梅内

Ben Arfa
本·阿尔法

童话里，
丑小鸭可以变白天鹅；

现实中，
有时候会相反。

Marcelo
马塞洛
Cristiano Ronaldo
克里斯蒂亚诺·罗纳尔多

这是一份
一起拧过瓶盖的友谊。

Ivan Klasnic

伊万·克拉什尼奇

“肾斗士”。

Lionel Messi
利昂内尔·梅西

至高无上。

Guus Hiddink
古斯·希丁克

神奇。

Lionel Messi
利昂内尔·梅西
Ronaldinho
罗纳尔迪尼奥

Neymar
内马尔

当年的我，

# 就是现在的你。

Cristiano Ronaldo
克里斯蒂亚诺·罗纳尔多
BANCO BPM
FERRARI

天空无限广阔，

但比不上你在空中的停留，
让世人惊叹。

Antoine Griezmann

安托万·格列兹曼

孱弱的身躯，

# 阻挡不了
# 你的意志和信念。

David Beckham
大卫·贝克汉姆

# 曾经有一刻，
# 我们失声痛哭。

因为那一刻，或许是永别。

2018 FIFA WORLD CUP RUSSIA
#worldcup
Bud
GAZPROM
VISA
Hisense
Neymar
内马尔

你曾才气过人，

你也曾负重前行。

Lionel Messi
利昂内尔·梅西
David Beckham
大卫·贝克汉姆

江山代有才人出，

各领风骚
数百年。

Rio Ferdinand

里奥·费迪南德

“钢铁长城”中的顶级配置。

Liverpool F.C.
利物浦俱乐部
Carlsberg
Carlsberg
CHAMPIONS LEAGUE WINNERS
ISTANBUL
2005

# 你是否<br>见过奇迹?

这就是奇迹。

Bobby Charlton

博比·查尔顿

巴斯比宝贝，

# 历经磨难。

Roy Makaay
罗伊·马凯

10.02秒。

*Garrincha*

加林查

『曲腿天使』，

他仿佛拥有魔法。

Franco Baresi
弗朗哥·巴雷西
Motta
ANONE

让防守成为艺术。

亚历桑德罗·内斯塔
Alessandro Nesta
adidas
ACM
1899

他的凶狠，

竟可以
用优雅形容。

Michael Ballack
迈克尔·巴拉克

有时候，
足球就是生活，

# 歇斯底里地呐喊
# 也无用。

Sergio Ramos

塞尔吉奥·拉莫斯

# 92 秒 48！

当全世界都放弃，你给予的是奇迹。

Lionel Messi
利昂内尔·梅西

Cristiano Ronaldo
克里斯蒂亚诺·罗纳尔多

# 绝代，
# 双骄。

双骄，绝代！

Henrik Larsson
亨里克·拉尔森

“海盗船长”。

Andreas Brehme
安德烈亚斯·布雷默

快意恩仇。

José Antonio Reyes
何塞·安东尼奥·雷耶斯

如果时光
停留在这一刻，

# 那该多好。

*Vinicius Junior*

维尼修斯·儒尼奥尔

14。

Claudio Caniggia
克劳迪奥·卡尼吉亚

**“风之子”。**

David Beckham
大卫·贝克汉姆

再见的是青春，

# 永恒的是“万人迷”。

Esteban Cambiasso

埃斯特班·坎比亚索

团队，

才是最强的保障。

Deco

德科

选择归属，

决定前程。

Sylvain Wiltord

西尔万·维尔托德

一次就好。

Nicklas Bendtner

尼古拉斯·本特纳

如果可以，

我们都应该
自信点儿。

克里斯蒂亚诺·罗纳尔多

Cristiano Ronaldo

**1、2、3、4、**
**5、6、7、8、**
**9、10、11、**
**12……**

未完待续。

*Kevin De Bruyne*

凯文·德布劳内

“丁丁”历险记。

2016.06.21

2020.12.22

Lionel Messi
利昂内尔·梅西
2014.11.22

不断超越，

# 超越过往，
# 超越传奇，
# 超越自己。

Shunsuke Nakamura
中村俊辅

# 亚洲“妖刀”。

Raúl González
劳尔·冈萨雷斯
AMSTEL BEER
nutella
AMSTEL
Teka
Fernando Morientes
费尔南多·莫伦特斯

# 这是多少<br>挚友的故事？

我们曾肩并着肩，但命运却并不相同。

Francisco
弗朗西斯科·帕文
adidas
SIEMENS
mobile
Zinedine Zidane
齐内丁·齐达内

年轻有时是幸运的，

# 有时是不幸的。

*Rafael van der Vaart*

拉斐尔·范德法特

用微笑接纳失败，

人生会变得豁然开朗。

朴智星
Park Ji-Sung
BARCLAYS

如果你足够勤奋，
不停奔跑，

# 胜利
# 终究会走到
# 你的眼前。

Nicolas Anelka
尼古拉·阿内尔卡

人们都说，
这是我们一同登上的巅峰；

# 我不认同，
# 那其实是我
# 不想面对的低谷。

Diego Milito
迭戈·米利托
RESPECT
PIRELLI
22

# 什么是高效？

四球，定三冠。

David Silva
大卫·席尔瓦

美丽的风景，

需要慢慢欣赏。

Ricardo Quaresma
里卡多·夸雷斯马
Cristiano Ronaldo
克里斯蒂亚诺·罗纳尔多

我不会嫉妒你的成功，

# 因为我们是最好的朋友，一直并肩前行。

Luca Toni
卢卡·托尼

# 如果可以成功，<br>不要担心它来得太晚。

因为大器晚成，也是佳话。

Dejan Stankovic

德扬·斯坦科维奇

意外，

成就经典。

Carlo Ancelotti
卡尔洛·安切洛蒂

让同行『绝望』，

# 这就是一个领域的绝对王者。

Hernán Crespo
埃尔南·克雷斯波
Juan Sebastian Veron
胡安·塞巴斯蒂安·贝隆
SIEMENS
mobile phones
SIEMENS
mobile phones

我们总会想起，

那一段
最美好的时光。

Olivier Giroud
奥利维耶·吉鲁

如果你不能
爱上他，

# 请你记住他。

Bernd Schuster
贝恩德·舒斯特尔

# 如何走进“浪子”的世界?

Phil Jones

菲尔·琼斯

永远都
不要说放弃，

哪怕这是一次
关于生命的豪赌。

何塞·穆里尼奥
José Mourinho
adida

Fiele

狂人。

Zlatan Ibrahimović

兹拉坦·伊布拉西莫维奇

荣耀与传承的赞歌，
都回来了；

# 青春与过往的时光，
# 一去不复返。

阿莱克西斯·桑切斯
*Alexis Sanchez*

# 为了梦想，
# 他曾乞讨。

幸运的是，梦想并未辜负他。

Lionel Messi
利昂内尔·梅西
R.HAGHIGHI
8
16

一支『穿云箭』，

击溃万里冰川。

Gheorghe Hagi
格奥尔基·哈吉

曲线诡异，
令人捉摸不透；

# 谋略过人，
# 堪称中场“阴谋家”。

Giorgio Chiellini 乔治·基耶利尼

Gianluigi Buffon 詹路易吉·布冯

David Trézéguet 大卫·特雷泽盖

不在低谷中离开，
愿陪你度过迷茫的岁月，

# 这是最深情的告白。

*Cristiano Ronaldo*

克里斯蒂亚诺·罗纳尔多

欧冠之王。

Salvatore Schillaci
萨尔瓦托雷·斯基拉奇

一发，

不可收。

Adriano
阿德里亚诺

我们应该避免，

**将一手好牌**
**打烂。**

Fernando Torres

费尔南多·托雷斯

『王朝』的序幕，

在这一刻

被悄然拉开。

Goran Pandev
戈兰·潘德夫

是他，
让弱小在强大面前创造奇迹，

直至流尽
最后的血。

David Trézéguet
大卫·特雷泽盖

一击制胜 VS 突然死亡。

Steven Gerrard
史蒂文·杰拉德

永远不会独行。

文森特·恩耶马
Vincent Enyeama

自信，

# 来自内心的
# 淡定与坦然。

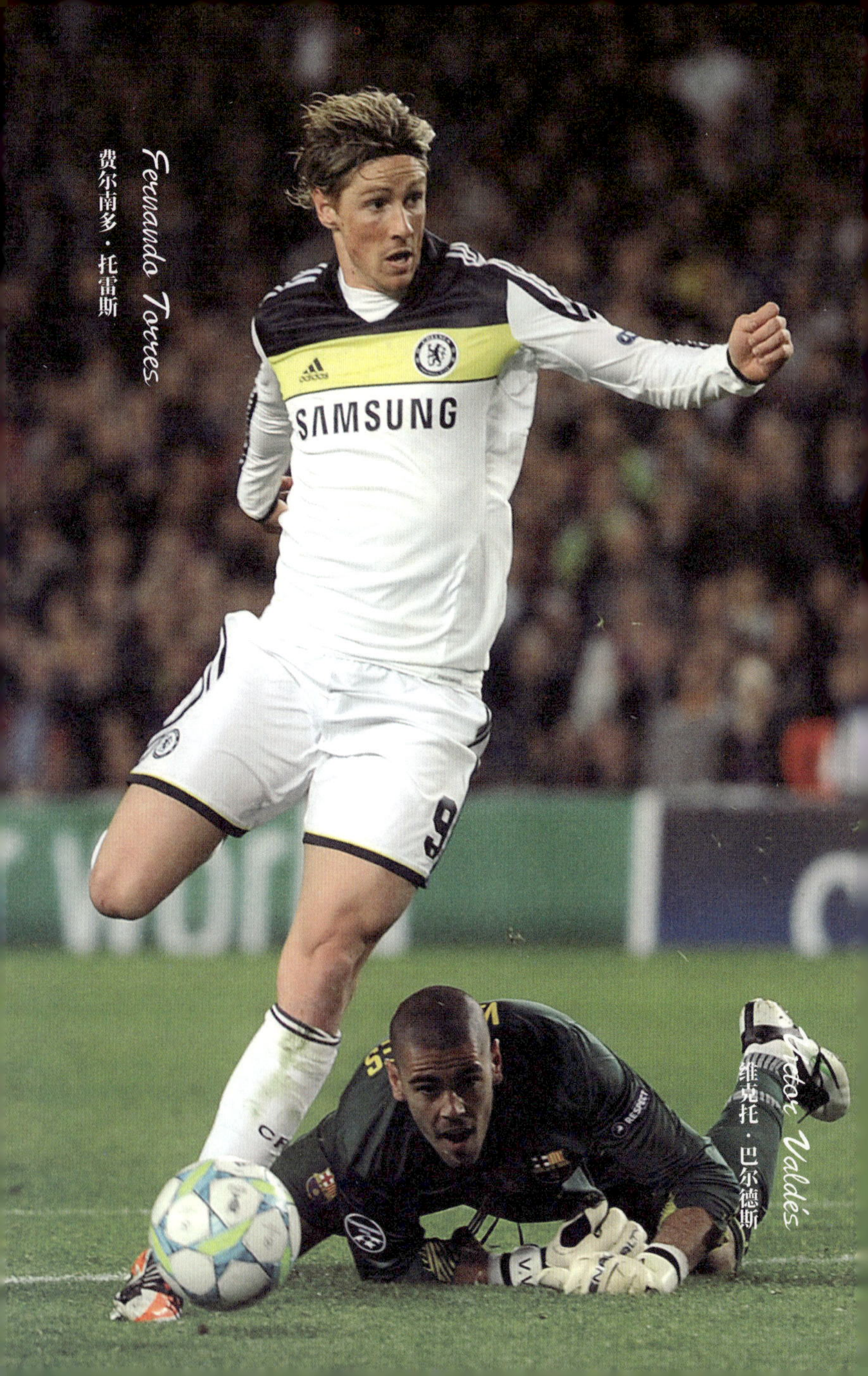
Fernando Torres
费尔南多·托雷斯
Victor Valdés
维克托·巴尔德斯

最后的倔强。

Jamie Vardy

杰米·瓦尔迪

小人物，

# 也可以“冲上云霄”。

Gianluigi Buffon
詹路易吉·布冯
Manuel Neuer
曼努埃尔·诺伊尔

你看着我，
我看着你，

# 惺惺相惜的故事。

Zlatan Ibrahimović
兹拉坦・伊布拉西莫维奇
Lionel Messi
利昂内尔・梅西
Thierry Henry
蒂埃里・亨利

我们都怀念，

过去的美好。

Iceland National Football Team
冰岛队
RESPECT

# 维京战吼！

Ahu！ Ahu！ Ahu！ Ahu！
Ahu！ Ahu！ Ahu！ Ahu！

Thomas Müller
托马斯·穆勒

“机会主义者”。

MANCHESTER UNITED 8
ARSENAL 2
5:52
0:00
TIMING BY
HUBLOT

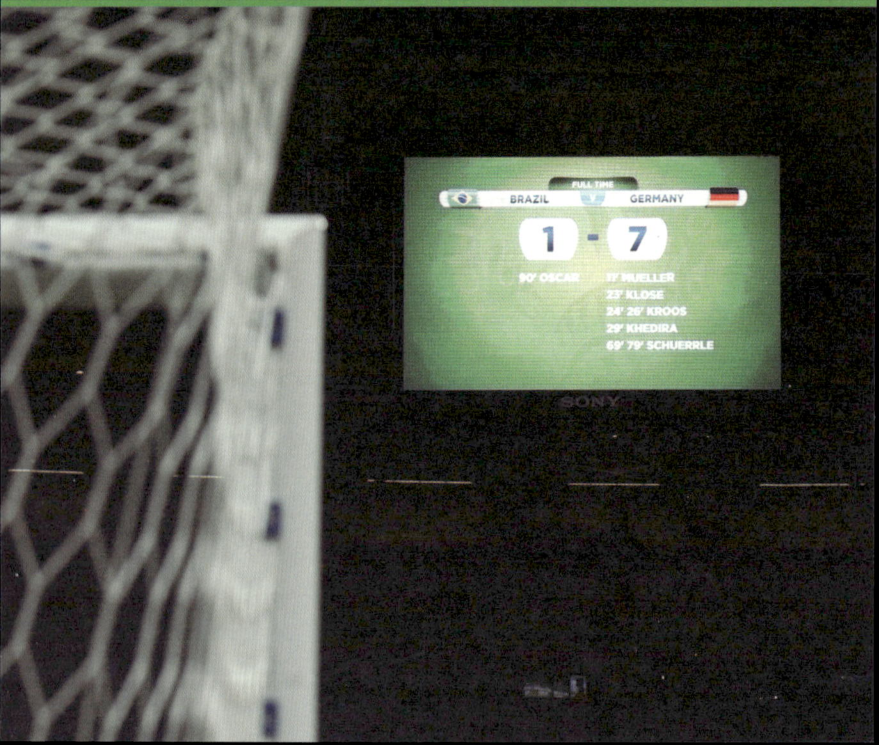
FULL TIME
BRAZIL
GERMANY
1 - 7
90' OSCAR
11' MUELLER
23' KLOSE
24' 26' KROOS
29' KHEDIRA
69' 79' SCHUERRLE
SONY

再强大的你，

# 也有失魂落魄的时刻。

Sir Alex Ferguson
亚历克斯·弗格森爵士

属于你的时间，
属于你的舞台，

# 属于你的表演。

Paul Scholes
保罗·斯科尔斯

“过滤器”。

LAMPARD
8
4
Frank Lampard
弗兰克·兰帕德
Steven Gerrard
史蒂文·杰拉德

**一个他，才华横溢；**
**另一个他，才华横溢。**

然而，他与他，世纪难题。

Nacho Fernández
纳乔·费尔南德斯

Sergio Ramos
塞尔吉奥·拉莫斯

Raúl González
劳尔·冈萨雷斯

来自“圣殿”的传承。

Petr Cech

彼得·切赫

双重保护。

Rui Costa
鲁伊·科斯塔
Gabriel Batistuta
加夫列尔·巴蒂斯图塔
LEGA CALCIO

没有了太阳与月亮，

# 紫百合
# 不再那么娇艳。

FC Barcelona
巴塞罗那俱乐部

**“Tiki–Taka”。**

Louis van Gaal
路易斯·范加尔

运筹帷幄，

有时也可失些分寸。

MiSURA
MiSURA
SURA
The Troika of Inter Milan
国米三驾马车

脊梁。

Marta Vieira da Silva

玛塔·维埃拉·达·席尔瓦

球场上，

她是女王。

克里斯蒂亚诺·罗纳尔多

Cristiano Ronaldo

你的风景，
美如画卷，
甚是惊艳；

# 我的“XX”，
# 这么简单，
# 足够称赞。

Eusebio da Silva Ferreira

尤西比奥·达·席尔瓦·费雷拉

“黑豹”。

Lionel Messi

利昂内尔·梅西

一次、两次、
三次、四次、五次，

# 希望、灰心、
# 无望、绝望、窒息。

David Seaman
大卫·希曼
Ronaldinho
罗纳尔迪尼奥

我从天上，
掉落凡尘；

# 你在人间，
# 幻化为仙。

Guti
古蒂
DIRECT energie
bwin.com
8
14
RMCF

『十四爷』的传球，

没有酒，
我们却醉得迷离。

Mohamed Salah
穆罕默德·萨拉赫

如果我们都会法术
该多好，

想逃谁也追不上。

Claude Makélélé

克劳德·马克莱莱

**“Makelele Role”。**

Dennis Bergkamp

丹尼斯・博格坎普

“冰上舞者”。

卡洛斯·巴尔德拉马
Carlos Valderrama
FEDERACION COLOMBIANA DE FUTBOL

保持个性。

Daniele De Rossi
达尼埃莱·德罗西

我们要的是赢，

把机会留给
最合适的人。

George Best

乔治·贝斯特

# “Maradona Good, Pele Better, George Best.”

Rene Higuita

雷内·伊基塔

艺高人胆大。

Jürgen Klinsmann

尤尔根·克林斯曼

“金色轰炸机”。

*Brian Laudrup*

布莱恩·劳德鲁普

醉卧沙场君莫笑，

# 古来征战几人回?

阿兰·史密斯
Alan Smith

青春就得飞扬，

热爱就得放肆。

Didier Drogba

迪迪埃·德罗巴

『魔兽』的世界，

# 老男孩儿的故事。

Vincenzo Montella

文森佐·蒙特拉

看看天空，

那儿有你美好的回忆。

*Ángel Di María*

安赫尔·迪马利亚

最强烈的热爱与执着。

*Edinson Cavani*

埃丁森·卡瓦尼

爱与致敬。

José Mourinho
何塞·穆里尼奥

Josep Guardiola
何塞普·瓜迪奥拉

“爱恨情仇”。

John Terry

约翰·特里

爷们儿。

*Martin Palermo*

马丁·帕勒莫

十年之前，

十年之后。

Wesley Sneijder
韦斯利·斯内德

你不亏欠足球，

足球
应该对你
说声对不起。

The Class of 1992

“92 班”

时光。

Jong Tae-Se
郑大世

泪。

*Cristiano Ronaldo*

克里斯蒂亚诺·罗纳尔多

请安静。

Robert Enke

罗伯特·恩克

其实你从未离开。

Christian Eriksen

克里斯蒂安·埃里克森

# “人墙”！

生命高于一切。

Oliver Kahn
奥利弗·卡恩
Jens Lehmann
延斯·莱曼

度尽劫波兄弟在，

相逢一笑泯恩仇。

Marcelo
马塞洛

人球合一。

Andres Iniesta
安德雷斯·伊涅斯塔

希望与绝望。

Andriy Shevchenko
安德烈·舍甫琴科

天涯海角有穷时，

唯有师恩无尽处。

Steven Gerrard
史蒂文·杰拉德

天意与命运的玩笑。

# 致谢：

- 感谢本书作者黑白老师，是您赋予本书精致的灵魂。
- 感谢特邀顾问于鑫淼、王正坤、念洲、黄铁文老师，以及林辉、蓝白、劳贝等 50 多位足球媒体人给出的宝贵意见。
- 感谢设计老师程慧、静洁，赋予本书最动人的装帧。
- 感谢为本书贡献力量的每一位朋友。
- 感谢足球，感谢每一名足球运动员。
- 感谢迈克尔 · 欧文先生。

直笔 书写真实。Stay true.